백운동원림
- 달빛한옥마을

2019

백운동원림

사의재

시인의 말

- 서시

지금 이 시집에 얼굴 내민 언어들은

언제 어디서 무엇으로 헤어졌던가

비로소
다시 만났으니
헤어지지 말아야지

2019년 여름
일속산방(一粟山房)에서
김해인

차례

백운동원림

시인의 말

1부

강진(康津) 15
도암(道巖) 16
성전(城田) 18
옴천(菴川) 19
병영(兵營) 20
작천(鵲川) 21
군동(郡東) 22
칠량(七良) 23
대구(大口) 24
신전(新田) 26
마량(馬良) 28

2부

달빛한옥마을 31 - 서시
달빛한옥마을 33
달빛한옥마을 34

달빛한옥마을 35
달빛한옥마을 36
달빛한옥마을 － 달빛정자 37
달빛한옥마을 － 전망대 38
달빛한옥마을 － 마을회관 41
달빛한옥마을 － 달빛 콘서트 42
달빛한옥마을 － 輸血 43
달빛한옥마을 44
달빛한옥마을 45
달빛한옥마을 46

3부

달빛한옥마을 － 月出山 49
달빛한옥마을 － 月出山 소쩍새 50
달빛한옥마을 － 月出山 뻐꾹새 51
달빛한옥마을 － 늦잠 52
달빛한옥마을 － 마실 53
달빛한옥마을 － 時調 54
달빛한옥마을 － 장군바위 55
달빛한옥마을 － 월남사지삼층석탑 56
달빛한옥마을 － 감꽃 57
달빛한옥마을 － 때죽나무의 꽃 58
달빛한옥마을 － 반딧불 59
달빛한옥마을 － 경포대 60

달빛한옥마을 - 雪夜 61

4부

백운동별서 - 서시 65
백운동별서 - 옥판봉(玉板峰) 66
백운동별서 - 산다경(山茶經) 67
백운동별서 - 백매오(百梅塢) 68
백운동별서 - 취미선방(翠微禪房) 69
백운동별서 - 모란체(牧丹砌) 70
백운동별서 - 창하벽(蒼霞壁) 71
백운동별서 - 정유강(貞蕤岡) 72
백운동별서 - 풍단(楓壇) 73
백운동별서 - 정선대(停仙臺) 74
백운동별서 - 홍옥폭(紅玉瀑) 76
백운동별서 - 유상곡수(流觴曲水) 77
백운동별서 - 운당원(篔簹園) 78

5부

신명규(申命圭)가 노래한 백운동초당팔영(白雲洞草堂八詠), 임영(林泳)과 김창흡(金昌翕)의 백운동팔영(白雲洞八詠) 그리고 송익휘(宋翼輝)의 유백운동십수(遊白雲洞十首)의 시제를 차용하여

송(松) 81

매(梅) 82

죽(竹) 83

난(蘭) 84

연(蓮) 85

국(菊) 86

금(琴) 87

학(鶴) 88

6부

윤슬 91

윤슬 92

윤슬 93

윤슬 94

윤슬 95

윤슬 96

윤슬 97

윤슬 98

윤슬 99

윤슬 100

윤슬 101

윤슬 102

윤슬 103

7부

기러기 107

외기러기 108

외기러기 109

외기러기 110

외기러기 111

외기러기 112

기러기 떼 113

외기러기 114

기러기 떼 115

기러기 떼 116

기러기 떼 117

기러기 떼 118

기러기 떼 119

8부

동백꽃똥구멍쪽쁙빼는새 123

동백꽃똥구멍쪽쁙빼는새 124

동백꽃똥구멍쪽쁙빼는새 126

동백꽃똥구멍쪽쁙빼는새 127

창하벽(蒼霞壁)

1부

강진(康津)

동쪽은 군동이 바깥다리 역할하고

서쪽은 도암이 신전이 성전이

강진은
와우형국(臥牛形局)인
컴퍼스의 안다리여야

남쪽은 칠량이 대구가 마량이

북쪽은 작천이 병영이 옴천이

강진은
남도답사 일 번지
컴퍼스의 안다리여야

도암(道巖)

1

주작산도
덕룡산도
그대가
낳은 것을

다산초당도
백련사도
그대가
낳은 것을

생색(生色)을
전혀 안 내니
모를 수밖에,
다들

2

장한 자식들 두어 부러울 게 없는 데도

자나 깨나 도(道)닦느라 정신이 없는 것을

직업이
도(道) 닦는 것이여
말릴 재간이 없어

성전(城田)

1

월남사지만 돌아오면 부러울 게 없는 걸

무위사 벽화만으로 부족함이 없지만

더불어
백운동 계곡은
소쇄원을 뺨치는데

2

월출산 뒤통수는 어찌 그리 잘빠졌는지

눈빛 선한 달빛한옥마을이 들어설 수밖에

무위사
만나러 온 객들을
한눈 팔게 하는 걸

옴천(唵川)

1

외롭다는 말을 뱉지 마라, 내 앞에서

쓸쓸하다는 말도 뱉지 마라, 내 앞에서

초입(初入)의
느티나무가
눈빛으로 전해야

2

우수, 경칩 지나야 부엉이가 운다는 걸

몸소 보여준 분이 바로 그대이어야

이름이
서럽디 서러운
머슴새도 가르쳐주다니

병영(兵營)

한때 병마절도사를 거느린 그대는

강진에서 가장 지체 높은 분이었지

옛 영광
되찾으려고
병영성을 복원하는가

도망간 하멜도 제 발로 돌아오다니

외로움을 달래준 은행나무 곁으로

옛 영광
되찾는 것은
이제 시간문제여

작천(鵲川)

음유시인을 꿈꾸는 까치내가 낳았지

현무공 김억추를,
벌초장사 황대중을

나라가
위태로울 때
목숨을 아끼지 않은

연금술사를 꿈꾸는 까치내가 낳았지

군자리의 군자서원을 평리의 경모제를

언제나
가까이 해야 할
경학과 효를 위해

군동(郡東)

1

어린 소년, 재철에게 무얼 가르쳤기에

어린 소년, 용복에게 무얼 가르쳤기에

저리도
잘나가는 건가,
우뚝 선 화방산처럼

2

물새들만 시름없이 나는 곳이 아니라

산새들도 시름없이 나는 곳이 네 품이지

강물을
거슬러 오르잖아,
추억이 힘차게

칠량(七良)

1

민주투사 윤한봉을 그대가 낳은 것을

민주투사 박만철도 그대가 낳은 것을

이 땅의
민주화를 위하여
가장 크게 공헌했지

2

어질고 착한 그대가 민주화를 위하여

물불을, 앞뒤를 가리지 않았지

봉황의
투박한 옹기가
조선에 기여하듯

대구(大口)

1

남자들은
사당리
푸조나무를
닮고 싶지

여자들은
면사무소
단풍나무를
닮고 싶지

청자가
잘빠진 이유도
땅기운
때문이여

2

청해진 대사 장보고의 손길이 닿은 것을

도공들의 위패 모신 천태산 정수사까지

치원(巵園)의
일속산방(一粟山房)은
이름만 남아있지만

신전(新田)

1

주작산이 밀어주는데 두려울 게 뭐가 있나

덕룡산이 곁에 있는데 두려울 게 뭐가 있나

비래도(飛來島)
앞바다에 띄워놓고
전설 낳은 그대가

2

상여바위와
두소화,
기막힌 전설을

기름바위와
용소의 소라,
기똥찬 전설을

그대가
다 낳은 곳을
머리 좋은 그대가

마량(馬良)

1

그대 허락 없이는 아무 데도 못 이르지

똑똑한 까막섬을 앞바다에 데리고 있는

탐라로
가는 길목이
바로 그대이기에

2

그대 허락 없이는 아무 것도 못 이루지

똑똑한 까막섬이 말고삐를 쥐고 있는

그대가
오대양 육대주로
가는 길목인 걸

2부

달빛한옥마을
  - 서시

1

달빛이 동날 리가
별빛이 동날 리가

사십일
낮과 밤을
비가 오면 몰라도

달빛은
무한한 것을,
별빛도
마찬가지

2

낫낫한 저 달빛이 등을 돌릴 리가

진솔한 저 별빛이 등을 돌릴 리가

햇빛도
거의 날마다
구애하다 가는데

달빛한옥마을

1

달이 편애하리라 생각이나 했겠는가

별들이 편애하리라 생각이나 했겠는가

다 같은
빛인 줄 알지,
두 발 달린 짐승들은

2

달빛 중에 일등품만 골라서 보내다니

별빛 중에 일등품만 골라서 보내다니

오해를
살 수 있으니
입을 봉할 뿐이나

달빛한옥마을

1

달빛이 필요하면 내게로 오셔요

별빛이 필요하면 내게로 오셔요

그릇을
가져오시면
가득 담아 드릴 테니

2

달빛도 무상이고 별빛도 무상이고

달빛도 별빛도 싱싱한 일등품

하룻밤
머무르면서
받아가세요, 손수

달빛한옥마을

1

하루에 두 끼만 먹어도 배부르겠다

달빛 들이마시면 그만이니, 저녁은

별빛은
간식인 것을
더더욱 무상이라니

2

몸에서 달빛 냄새 몸에서 별빛 냄새

아무리 비누질해도 지워지지 않는 것은

네 몸이
달빛 별빛으로
이루어졌기 때문

달빛한옥마을

1

내게 남아도는 게 달빛 말고 뭐가 있나

내게 남아도는 게 별빛 말고 뭐가 있나

무어든
부족한 것보단
남는 것이 낫지마는

2

남아도는 달빛을 어디에다 저장하나

남아도는 별빛을 어디에다 저장하나

수장고
수장고만으로
다 충당을 못하니

달빛한옥마을
  -마을회관

1

달빛을 나눠주려 태어난 게 아닌 것을

달빛은, 달이 공정하게 나눠주니

누구도
불만이 없는 것을
오늘에 이르도록

2

달빛에게 불상사가 일어나선 안 되기에

별빛에게 불상사가 일어나선 안 되기에

빛들의
부동이화(不同而和)를
이뤄주려 태어났나

달빛한옥마을
-달빛정자

1

달빛이 좌장(座長)되어
별빛들과 무얼 하나

시문을 주고받다니
벌주를 마시면서

천상(天上)의
언어이기에
낄 생각을 못하네

2

천상의 언어를 빨리 배워야 하나

지상의 언어를 저들에게 가르쳐야 하나

어느 게
쉬운 길일까,
하나를 택한다면

달빛한옥마을
― 전망대

1

달빛을 바라보는
전망대인가,
그대는

달빛으로 만든
전망대인가,
그대는

달빛을
보호하려고
태어난 경호원이라니

2

저것 봐, 달빛이 떼를 지어 놀다가

산골물이 되고 개여울이 되고

마침내
강물이 돼야,
눈으로
들을 수 없는

달빛한옥마을
  -달빛 콘서트

1

백마강 달밤에 물새가 울어

강물도 달밤이면 목메어 우는데

저 달이
등장하는 노래만
자격이 주어져야지

2

어여쁜 눈썹달이 뜨는 내 고향

영도다리 난간 위에 초생달만 외로이 떴다

저 달이
얼굴 내민 노래만
자격이 주어져야지

달빛한옥마을
－수혈(輸血)

1

달빛이 그리운 날은 제게로 오세요

별빛이 그리운 날은 제게로 오세요

누구든
원하는 만큼
수혈해 드릴께요

2

달빛 말고 햇빛도 가능해요, 언제든

별빛 말고 햇빛도 가능해요, 언제든

햇빛을
수장고에다
보관해 두었으니

달빛한옥마을

기러기 울음소리 달빛에 배인 것을

상품으로 쳐야 하나
하품으로 쳐야 하나

분리할
방법은 또 없나,
보관을 따로 하게

기러기 울음소리 별빛에 배인 것을

성골로 봐야 하나
진골로 봐야 하나

가려낼
방법은 어디에,
달빛한옥마을이 알라나

달빛한옥마을

달빛만 별빛만 욕심내는 줄 알았더니

문사철을 쫙 끼는 인문학의 달인이여

도대체
전공이 무엇인지
헷갈리게 하다니

달빛만 별빛만 챙기는 줄 알았더니

강진을 쫙 끼는 문화해설의 달인이여

전공도
부전공도 아닌
복수전공이나, 그렇다면

달빛한옥마을

너무 반반하기에 오만하게 보여야

너무 당당하기에 거만하게 보여야

오독은
자유이지만
사고 날까 무섭다

달빛과 어깨동무한 세월이 몇 해더라

별빛과 어깨동무한 세월이 몇 해더라

교만은
금물인 것을,
그 누가 밀어줘도

3부

달빛한옥마을
- 월출산(月出山)

뒤에
버티고 있는
저 병풍은
몇 폭인가

어깨가
딱 벌어진
진경산수
낳은 이는

누구나
지닐 수 있나
반반한
저 병풍을

달빛한옥마을
　-月出山 소쩍새

다들
달빛 별빛만
챙긴다고
생각하지

소쩍새
울음소리도
싸그리
챙기는 걸

섞이지
아니하도록
따로
보관한다니

달빛한옥마을
-月出山 뻐꾹새

추임새 넣으랴,
울음소리 챙기랴

둘 중 어느 하나도
포기할
생각 없어

뻐꾹새
소리꾼 덕에
여름이
거풋해야

달빛한옥마을
-늦잠

어젯밤
누군가가
남몰래
다녀갔나

어젯밤
어딘가에
남몰래
다녀왔나

궁금해
못 배기겠어야,
늦잠 자는
이유가

달빛한옥마을
-마실

쓸쓸하다 싶으면
백운동원림과
어울리고

허무하다 싶으면
무위사와
어울리고

좌우간
누구에게도
들통난 적 없으니

달빛한옥마을
-時調

뭔 생각을
저리
골똘히 하고 있나

이따금
인기척에도
고개 들지 않으니

세상에
삼장육구십이음보
사십오자
이내여야

달빛한옥마을
― 장군바위

누굴 닮아
이목구비가
이리 반반하나

외모만 가지고는
남도에서
제일이여

저 멀리
장군바위의
기(氣)가 뻗친 때문인가

달빛한옥마을
－월남사지삼층석탑

갑자기
눈시울이
뜨거워지는 것은

월남사지삼층석탑의
전설이
얼굴을 내밀어서지

당당한
석탑이 바로
돌로 변한 여인(女人)이니

* 월남사지삼층석탑을 책임 맡은 석공에게 어여쁜 아내가 있었다. 석공이 탑을 완성하기 전에는 자신을 찾지 말라고 아내에게 당부하였다. 탑이 완성되기 바로 직전에 아내가 찾아와 먼 벌치서 남편을 마음속으로 불렀다. 그 순간에 벼락이 쳐 탑은 산산조각이 나고 여인은 돌로 변했다. 주변에 돌이 없어 석공은 돌로 변한 아내의 몸을 조각하여 석탑을 완성하였다 한다.

달빛한옥마을
-감꽃

병아릿빛 감꽃으로 목걸이를 하다니

배고프지 않아도
감꽃 따먹다니

추억은
누구도 못 말리는
한 마리 짐승이여

달빛한옥마을
－때죽나무의 꽃

이리 갈까,
저리 갈까
이정표 있는
산길

때죽나무의
꽃에
코를 박고
킁킁거린다

시선은
안중에 없다,
걸어다니는
꽃들의

달빛한옥마을
-반딧불

취미가 유별나나,
욕심이 많아서나

해와 달, 별빛만으로
뉘를 내야할 生이

세상에
반딧불까지
챙기다니, 여름 내내

달빛한옥마을
 -경포대

계곡에
몸 담그고
물장구치는 이가

철부지
아이처럼
킥킥거리는 이가

도대체
누구인가 했더니
낫낫한 달빛한옥마을이어야

달빛한옥마을
― 설야(雪夜)

자루 달린
붓으로
도배하지
아니하고

눈을 불러
도배해야,
한 푼도
안들이고

막간에
달과 별들이
정비를 하는
사이

4부

백운동원림
-서시

1

해와 달, 별빛이 주식일 줄이야

새소리와 꽃향기가 간식일 줄이야

겁나는
비밀인 것을
빈집, 별서에게는

2

그냥 남아도는 게 해와 달, 별빛인데

그냥 남아도는 게 새소리와 꽃향기인데

축낼까
입을 봉하니,
각별한 사이여도

백운동원림
  -옥판봉(玉板峰)

1

옥판봉의 주인이 백운동원림이 맞나

백운동원림의 주인이 옥판봉이 맞나

때 되면
제 그림자로
백운동원림 들렀다가니

2

백운동원림은 제 그림자로 옥판봉에 못 이르나

옥판봉은 제 그림자로 백운동원림에 이르니

주인이
옥판봉이어야
이치에 맞는 것을

백운동원림
－산다경(山茶經)

1

동백꽃 똥구멍 쪽쪽 빤 뒤에

동백나무 아래 아무데나 버렸지

마음이
찢어지는 걸
다들 짓밟고 다니니

2

동박새는 동백꽃을 어떻게 구슬리나

직박구리는 동백꽃을 어떻게 구슬리나

숨어서
지켜봐야지
들통 나지 않게

백운동원림
   -백매오(百梅塢)

1

아무리 둘러봐도 한 그루뿐인 걸

아무리 둘러봐도 두 그루도 아닌 걸

일당백(一當百)
이럴 때 쓰이려
이 세상에 태어났나

2

아무래도 대책을 세워야지, 어서 빨리

이대로 두었다간 매화(梅花) 씨가 마르겠다

나이 든
한 그루마저
병색이 완연하니

백운동원림
— 취미선방(翠微禪房)

1

마루에 걸터앉았다 가는 이는 햇빛이요

마루에 걸터앉았다 가는 이는 달빛이요

강학(經學)에
사로잡힌 이는
올 생각을 않으니

2

시간이 흐를수록 빛나는 것도 있고

시간이 흐를수록 녹스는 것도 있고

시문(詩文)의
달인(達人)인 자는
언제 다시 오려나

백운동원림
-모란체(牡丹砌)

왕후장상의 씨가 없어도, 사람은

왕후장상의 씨가 있는가, 꽃들은

이 말이
살아있는 걸
모란은 화중왕(花中王)

부귀영화를 꿈꾸는 게 사람인가, 글쎄 1

부귀영화를 꿈꾸는 게 모란인가, 글쎄

늦봄에
얼굴 내밀어
여름까지 맛보다니

백운동원림
-창하벽(蒼霞壁)

1

깊고 푸른 것이 바다만이 아닌 것을

밤도 바위도 깊고 푸른 것을

그대는
그걸 보여주려
그 자리에 서 있지

2

그대를 위하여 동백숲이 있는 것을

그대를 위하여 홍옥폭이 있는 것을

그래야
생각을 않지,
딴 곳으로 달아날

백운동원림
-정유강(貞蕤岡)

1

금강송 아니어도 품위가 있는 것을

장사송 아니어도 품위가 있는 것을

옥판봉
바라다보며
꿈꾸는 대들보여

2

정선대가 이웃하여 외롭지는 않겠다만

옥판봉의 사랑을 나누어 가져야 하니

하나가
만족스러우면
하나는 불만이라며

백운동원림
-정선대(停仙臺)

1

원두막이 아니어, 오포대도 아니어

옥판봉과 눈빛을 주고받기에 안성맞춤이어

신선을
꿈꿔도 좋을,
시문을 주고받으며

2

이시헌의 묘를 가느리고 있는 건가

이시헌의 묘를 지키고 있는 건가

임무는
바뀔 수 있으니
태어날 때와 달리

백운동원림
   — 풍단(楓壇)

1

햇빛을 챙기느라 정신없던 풍단(楓壇)이

기러기 울음소리에 다들 손을 놓아야

더더욱
백운동 하늘이
붙들어야, 기러기 떼를

2

기러기 떼가 반한 건지
풍단(楓壇)이 반한 건지

서로 한눈파는데
누구도 못 말려야

저러다
해 떨어지겠다
정신들 차려야지

백운동원림
  －홍옥폭(紅玉瀑)

1

가을에만 홍옥폭이어야 이름값을 하거늘

한여름에도 한겨울에도 그냥 홍옥폭이라니

이름을
계절에 따라
지을 생각 왜 안 했나

2

여름에는 청옥폭, 겨울에는 백옥폭

봄에는 뭐라 이름 지어야 맞나

가을이
멋들어지기에
한 가지만 택한 것을

백운동원림
- 유상곡수(流觴曲水)

1

조선왕조 시대에 시문을 주고받았으나

정보화 시대에 무엇을 주고받았나

곡수(曲水)를
되살리는 건
누워서 떡 먹기지

2

예나 지금이나 시문을 주고받다니

태어날 때 임무를 포기할 수 없으니

아무나
즐길 수 없지,
지금 빈집이어도

백운동원림
- 운당원(篔簹園)

1

누가 저리 들랑거리나, 왕대밭을

누가 들랑거리며 무슨 짓을 하나

스스로
드나드는가,
제 몸뚱일 흔들어

2

하고 싶은 게 한두 가지 아닌 것을

되고 싶은 게 한두 가지 아닌 것을

무어든
두드려야만
열리는 세상이니

5부

신명규(申命圭)가 노래한 백운동초당팔영(白雲洞草堂八詠), 임영(林泳)과 김창흡(金昌翕)의 백운동팔영(白雲洞八詠) 그리고 송익휘(宋翼輝)의 유백운동십수(遊白雲洞十首)의 시제를 차용하여

송(松)

1

열수는 정유강(貞蕤岡)이란 시제로 노래하고

자이당은 만송강(萬松岡)이란 시제로 노래하고

시제가
떠오르지 않으니
그냥 송(松)이지, 나는

2

달콤한 열매 하나 안겨주지 않아도

그대를 위해 나도 한 일이 하나 있지

소싯적
송충이 잡느라
네 가슴을 뒤진 것을

매(梅)

1

봄이면 네 가슴에 코를 박고 쿵쿵거리다가

큰개불알풀, 코딱지나물에게 나도 몰래 죄를 졌지

그대와
한 번지에 산 것을
눈치 채지 못하다니

2

나도 몰래 죄를 진 게 한둘이 아니기에

하나하나 일일이 거명할 수 없는 것을

하지만
그대만 보면
다 망각하고 마니

죽(竹)

1

속이 비워 있는 게 좋은 건가 나쁜 건가

판단을 유보한 건 그대가 떠올라서

속없는
사람이란 말은
모욕적인 말인데

2

그대를 마주하면 저금통이 떠오르지

그대를 마주하면 죽부인이 떠오르지

모두 다
비워 있기에
가능한 일인 것을

난(蘭)

1

네 이름 빌려다가 작명들 많이 하지

로열티 한 푼도 받은 적이 없다면서

지금도
늦지 않으니
저작권 주장해야지

2

김영란, 윤정란, 조경란, 박혜란

이미 지나간 일은 되돌릴 수 없어도

자존심
자존심은 어디 갔나
돈이 문제가 아녀

연(蓮)

1

솔개처럼 하늘에 떠 있는 연이 아닌

못에 뿌리를 박고 물에 뜬 연이지

아무리
좋은 물건도
붙들 생각을 않는

2

그대 앞에 서 있으면 미소 짓는 가섭도

맨발로 누워 있는 부처도 떠오르지

더더욱
생로병사(生老病死)가
확실하게 보이니

국(菊)

1

꽃잎으로 기록을 세웠다고 해야 맞나

향기로 기록을 세웠다고 해야 맞나

둘 중에
하나를 택하라면
향기가 더 나을라나

2

이런 우문우답이 세상에 어디 있나

향기가 꽃잎에서 나오는 걸 망각하다니

앞으론
하나를 택하라면
꽃잎을 택해야지

금(琴)

1

오직 여섯 줄로 생로병사를 노래하다니

오직 여섯 줄로 희로애락을 노래하다니

세상을
주무르다니,
오직 여섯 줄로

2

그대가 울면 학(鶴)이, 춤을 추곤 했다니

한때 현학금(玄鶴琴)이라 불린 연유가 바로

세상을
가지고 놀다니,
오직 여섯 줄로

학(鶴)

1

소나무와 함께해야 빛이 나고 빛이 나지

혼자 따로 있으면 그저 한 마리 새지

둥지를
소나무에 튼 것이
우연만은 아닌 것을

2

하늘을 나는 건지 곡예를 하는 건지

구분이 안 되는 건 오직 그대뿐이니

그대를
만나는 것이
쉬운 일은 아니지만

6부

윤슬

햇빛에게 털어놓지 못한 것은 달빛에게

달빛에게 털어놓지 못한 것은 햇빛에게

뭔가를
털어놓는데,
도무지 알 수 없으니

* 윤슬: 달빛이나 햇빛에 비치어 반짝이는 잔물결로 물비늘이라 불
  리기도 한다

윤슬

별들이 함께해도
저 해를
못 이겨야

홀로
차지하다니,
저 어린 물결들을

야근에
곯아떨어진
낮달의 눈을 피해

윤슬

바다의 물결들이 밤에 입은 상처를

햇볕이 혀로 핥아주고 다니는 걸

물결도
말을 잘 들어야,
제 편일 줄 알고서

윤슬

그야말로
바다는
고삐 풀린 짐승인데

근육질
몸뚱이를
포효하며 달아나는

지금은
달빛에 취해
힘이 다 파인 것을

윤슬

자길
읽어달라고
나를
불러내다니

만조인
저 바다가
별들을
구슬려서

나 혼자
감당하기에
벅찬
사연인 것을

윤슬

배가 부른 문장은 읽기에 편한 것을

바다의 램프인 달빛까지 나섰으니

한 자도
안 빠뜨리고
읽어내야지, 밤새

윤슬

무소불위(無所不爲),
바다가
저리 순해지다니

바다의 고삐를
저 달이
조인 것을

고삐가
느슨해지면
다시 난폭해지지

윤슬

누군가가
바다를
돋보기로 읽는 것을

램프 달린 돋보기로
바다라는
서사시를

책장을
넘기는 소리가
들리지,
철
썩
철
썩

윤슬

저 어린 물결들이 스킨십을 즐기다니

잘못 접근했다간 성추행이 분명한데

달빛은
죄가 없는 걸
상대가
원한 일이니

윤슬

달빛기둥이
바로
재크의 콩나무이나

저 어린 물결들이
붙들고
올라가는

달꽃의
향기에 취해
내려올 생각 없겠지

윤슬

저 바다와
만월이
서로
내통하다니

달빛기둥
하나만으로
그냥
알 수 있는 걸

별들이
증인이어야,
입을 봉한
저 별들이

윤슬

저 달빛이 물결들에게 뭐라 소색이기에

난폭했던 물결들이 저리 말을 잘 듣나

가까이
갈 수 없으니,
그 내용이 궁금해도

윤슬

내 눈에 담아가려는데 따라오지 않는 것을

저 반반한 달빛이 미리 경고하였나

누구도
믿을 놈 없으니,
따라가지
말라고

7부

기러기

한가할 땐
하늘은
여러 마릴 수놓고

바쁠 땐
하늘은
한 마리만 수놓고

하늘이
맘 내키는 대로
한 일이 아니어야

외기러기

순찰을
나가는데
한눈팔다 저리 됐나

인원점검도
안하고
급히 출발하다니

책임이
막중한 것을
분대장도, 소대장도

외기러기

어디 가는 길에
저리
홀로 되다니

돌아오는 길에
저리
홀로 되다니

그것이
알고 싶은 걸,
누구 아는 이 없나

외기러기

저 하늘을
혼자
차지한 줄 알았더니

능금빛 무대에
혼자
출연하다니

독무대
모노로그인 걸
오직, 주연만 있는

외기러기

누가
시위를
당겼다가 놓았나

아무리
둘러봐도
보이는 건 낮달 뿐

낮달이
궁수일리가,
과녁이면 몰라도

외기러기

끼륵끼륵 끼륵끼륵 끼륵끼륵 끼륵끼륵

함께하면 박자에 신경 써야 하지만

잘해요
혼자서도 잘해요,
전혀 기죽지 않고

기러기 떼

구름,
달과 별빛은
철이 따로 없으니

가을
밤하늘에서는
소품에 불과하지

하지만
저건 아무 때나
만나볼 수 없는 것을

외기러기

다들
오해를 하지
한눈팔다 뒤쳐졌다고

심부름을
가는데
여럿이서 가야하나

혼자서
할 수 있는 일이
심부름만이 아닌 것을

기러기 떼

저것들에게 배울 게 한두 가지가 아녀

올려다보는 이도
내려다보는 이도

법규를
어긴 적이 없으니,
내비게이션 없이도

기러기 떼

바른 생활,
도덕
배운 적이 없어도

국민윤리,
철학
배운 적이 없어도

질서의
달인인 것은
유전자 때문이나

기러기 떼

끼륵끼륵, 소리에 고개를 쳐들다가

담장 밑 봉선화(鳳仙花)가 씨방을 터트려야

누구도
손 안 댔는데
그야밀로 저 홀로

기러기 떼

가끔
구름이 가려
제 역할을 못하는

이정표이자 CCTV인
달뿐인데,
밤하늘은

별들을
빠뜨리다니,
떼거리로 지켜보는

기러기 떼

끼륵끼륵 끼륵끼륵 끼륵끼륵 끼륵끼륵

채송화도 분꽃도 귀를 곤두세워야

조금 더
가까이서 들으려
깨금발을 하는 것을

8부

동백꽃똥구멍쪽쪽빠는새

동백꽃만 눈에 띄면 군침이 도는 나는

나 아닌 누가 봐도
동백꽃똥구멍쪽쪽빠는새가 분명해야

동박새
직박구리가
인정한 것을, 진즉

동백꽃똥구멍쪽쪽빠는새

동백꽃 똥구멍을 시조로 쪽쪽 빤다

1

쪽쪽쪽 쪽쪽쪽쪽 쪽쪽쪽 쪽쪽쪽쪽

쪽쪽쪽 쪽쪽쪽쪽 쪽쪽쪽 쪽쪽쪽쪽

쪽쪽쪽 쪽쪽쪽 쪽쪽 쪽 쪽쪽쪽 쪽쪽쪽쪽

2

쪽 쪽쪽 쪽쪽 쪽쪽 쪽쪽 쪽 쪽쪽 쪽쪽

쪽쪽쪽 쪽쪽 쪽쪽 쪽쪽쪽쪽 쪽쪽 쪽쪽

쪽 쪽쪽 쪽쪽쪽쪽쪽 쪽쪽 쪽쪽 쪽쪽쪽

시조도
何如歌와 丹心歌로,
이게 바로 一石二鳥

* 하여가(何如歌), 단심가(丹心歌), 일석이조(一石二鳥)

동백꽃똥구멍쪽쪽빠는새

누가 똥구멍을 쪽쪽 빤다고 하면

지저분한 놈이라고 야유를 보냈다가도

동백꽃
똥구멍이라 하면
야유를 거두겠지

동백꽃똥구멍쪽쪽빠는새

입가에
콧등에
꽃가루가 범람해도

동백꽃
똥구멍을
정신없이 빠는 나는

누구도
상관치 않는
동백꽃똥구멍쪽쪽빠는새란 말이여

사의재 정형시선 1

백운동원림

1판 1쇄 인쇄일 2019년 7월 1일
1판 1쇄 발행일 2019년 7월 5일

지은이 김해인
펴낸이 신정희
펴낸곳 사의재
출판등록 2015년 11월 9일 제2015-000011호
주소 목포시 양을로 266(용해동)
전화 010-2108-6562
이메일 dambak7@hanmail.net

ⓒ 김해인, 2019
ISBN 979-11-88819-28-7 03810

지은이와 출판사의 동의 없이 이 책의 내용 중 전체 또는 일부를 인용하거나 발췌하는 것을 금합니다.

값 10,000원

이 도서의 국립중앙도서관 출판예정도서목록(CIP)은 서지정보유통지원시스템 홈페이지(http://seoji.nl.go.kr)와 국가자료종합목록 구축시스템(http://kolis-net.nl.go.kr)에서 이용하실 수 있습니다.
(CIP제어번호 : CIP2019023084)